Gänsen
Fensterbaum mit Gänsen
Seite 22
1 x
Tischgesteck
Seite
1 x
Fensterbaum mit Gänsen
Seite 22
Fuß 4 x
Fensterbaum mit Gänsen
Seite 22
Flügel 4 x
bei der Arbeit
16
ze 1 x
Meister Lampe bei der Arbeit
Seite 16
Arm links 1 x
pe bei der Arbeit
eite 16
opf 1 x
e ankleben
Mondgehänge
Seite 28
1 x
Meister Lampe bei der Arbeit
Seite 16
Arm rechts 1 x

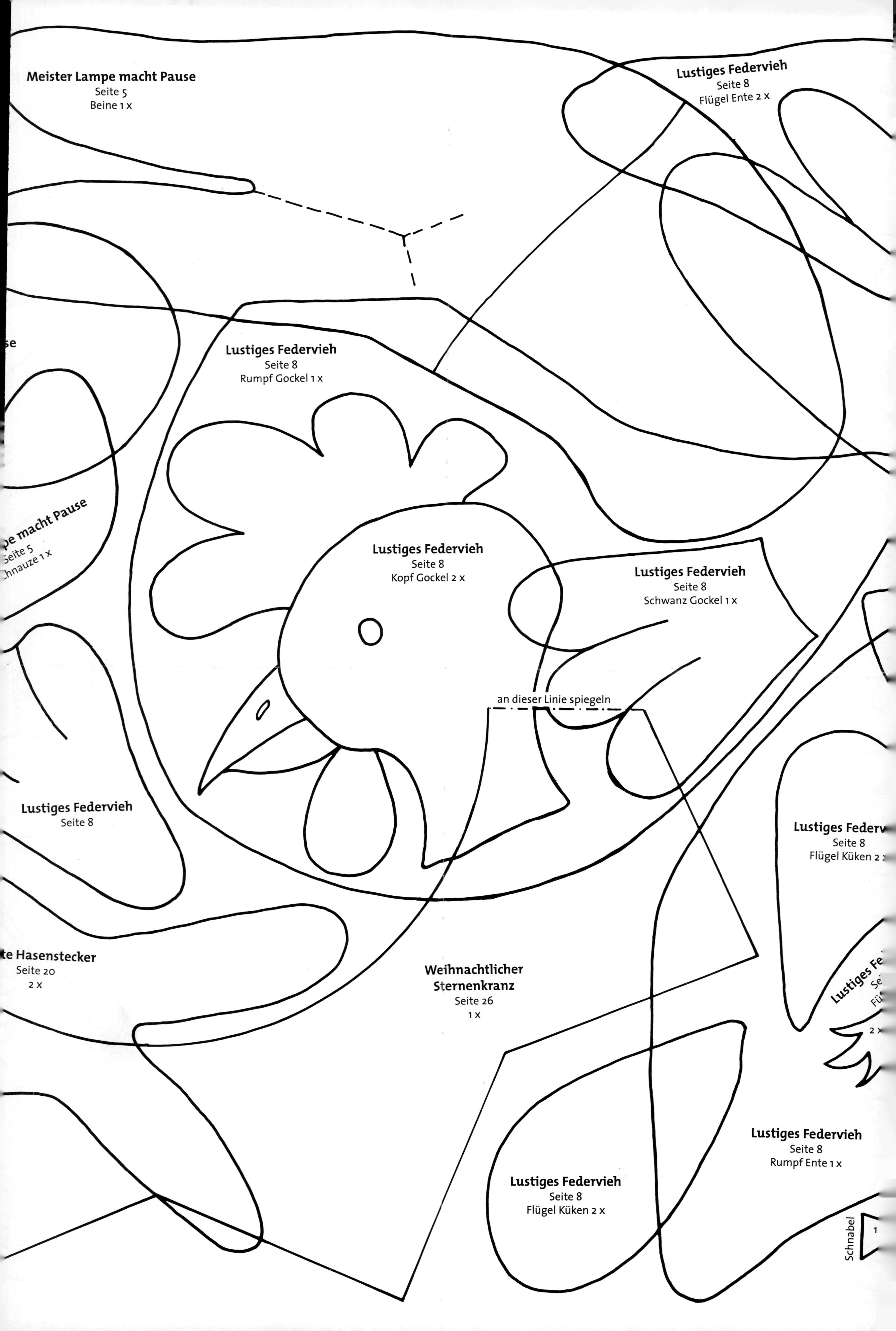
Meister Lampe macht Pause
Seite 5
Beine 1 x
Lustiges Federvieh
Seite 8
Flügel Ente 2 x
se
Lustiges Federvieh
Seite 8
Rumpf Gockel 1 x
pe macht Pause
Seite 5
hnauze 1 x
Lustiges Federvieh
Seite 8
Kopf Gockel 2 x
Lustiges Federvieh
Seite 8
Schwanz Gockel 1 x
an dieser Linie spiegeln
Lustiges Federvieh
Seite 8
Lustiges Federv
Seite 8
Flügel Küken 2 x
te Hasenstecker
Seite 20
2 x
Weihnachtlicher
Sternenkranz
Seite 26
1 x
Lustiges Fe
2 x
Lustiges Federvieh
Seite 8
Rumpf Ente 1 x
Lustiges Federvieh
Seite 8
Flügel Küken 2 x
Schnabel
1

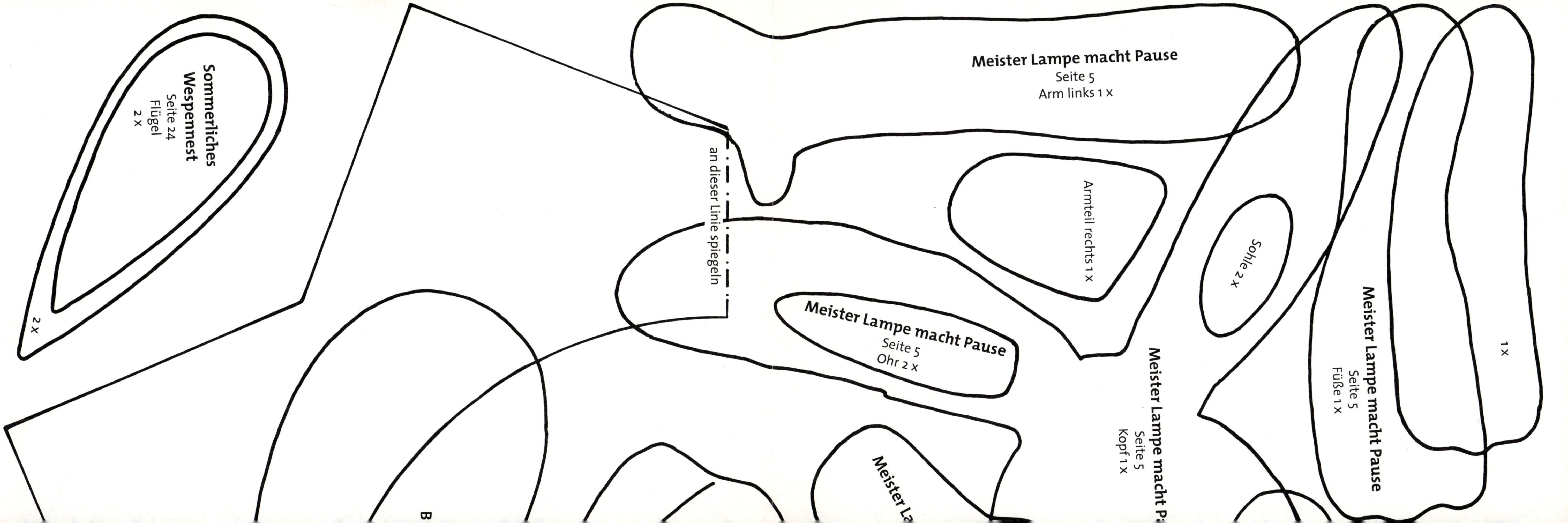
Sommerliches Wespennest
Seite 24
Flügel
2 x
2 x
an dieser Linie spiegeln
Meister Lampe macht Pause
Seite 5
Arm links 1 x
Armteil rechts 1 x
Sohle 2 x
Meister Lampe macht Pause
Seite 5
Ohr 2 x
Meister Lampe macht
Seite 5
Kopf 1 x
Meister Lampe macht Pause
Seite 5
Füße 1 x
1 x
Meister

Vorlagenbogen **Seite B**

Sigrid Heinzmann/
Dekoratives Basteln mit Heu
ISBN 3-8043-0678-0

AUGUSTUS VERLAG AUGSBURG 1999

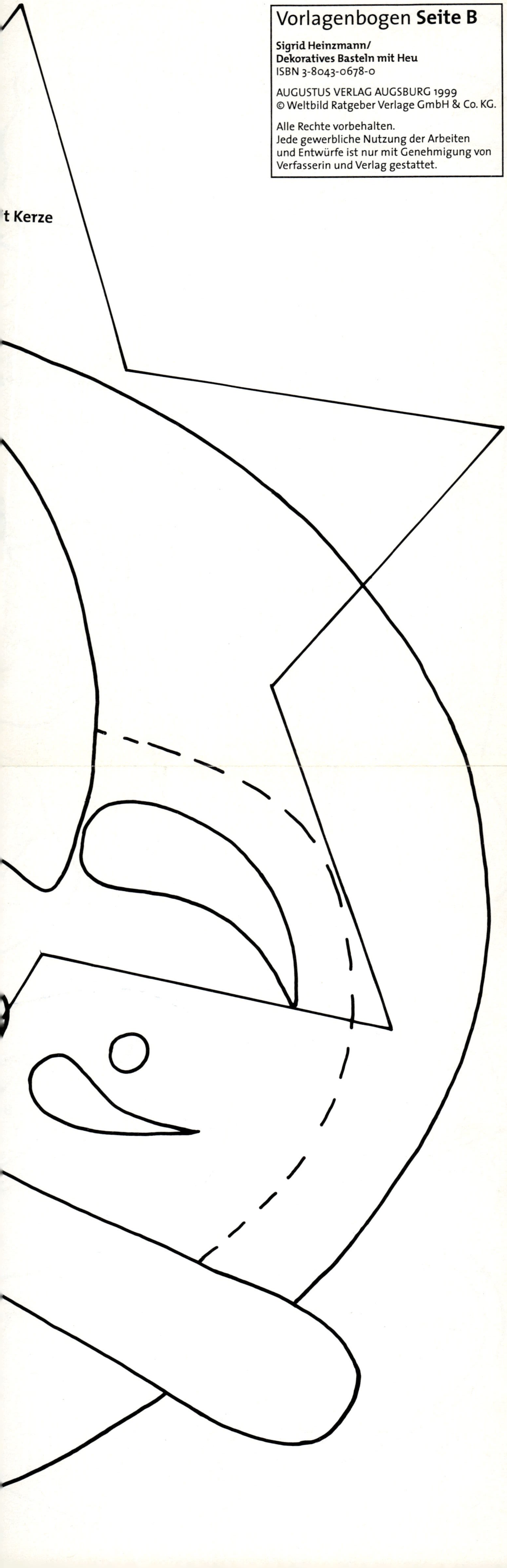

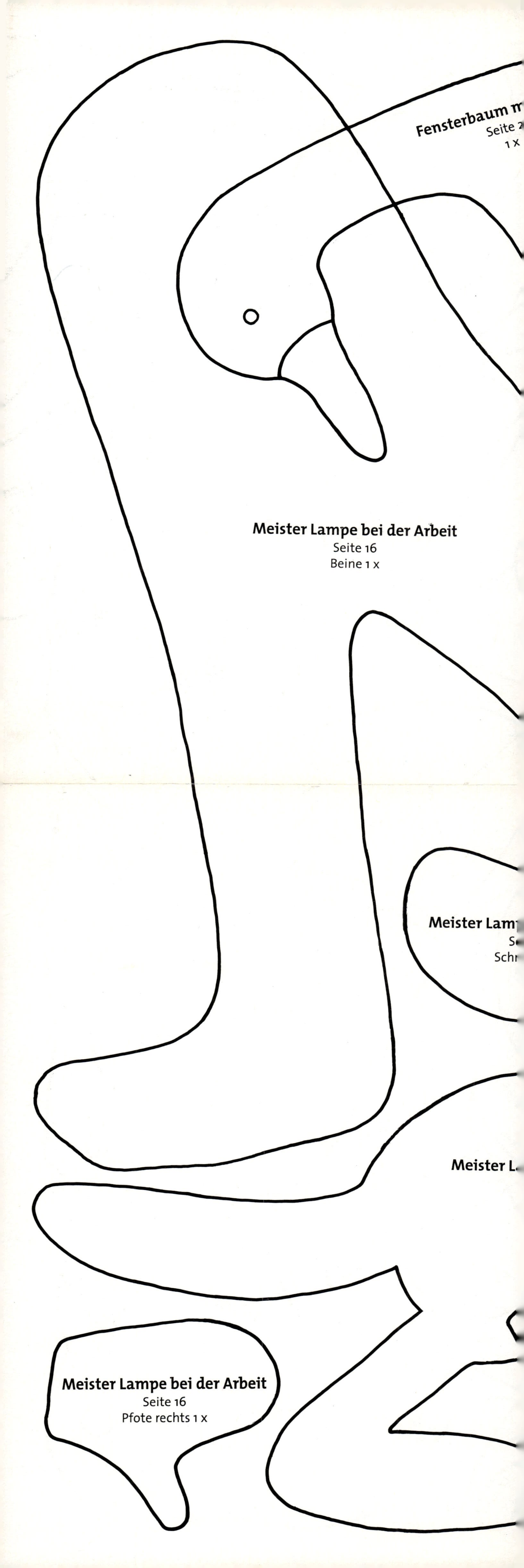
Fensterbaum m
Seite 2
1 x
Meister Lampe bei der Arbeit
Seite 16
Beine 1 x
Meister Lam
S
Schr
Meister L
Meister Lampe bei der Arbeit
Seite 16
Pfote rechts 1 x

Vorlagenbogen **Seite A**

Sigrid Heinzmann/
Dekoratives Basteln mit Heu
ISBN 3-8043-0678-0

AUGUSTUS VERLAG AUGSBURG 1999

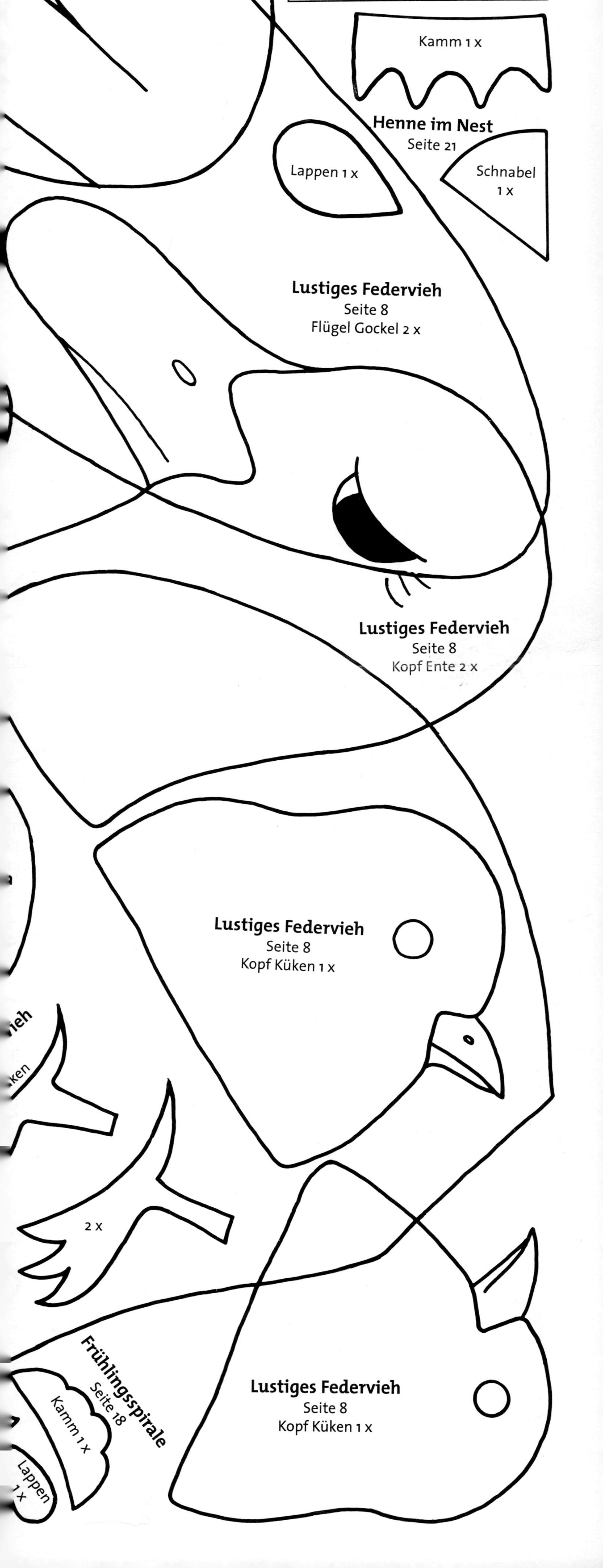

Sigrid Heinzmann

Dekoratives Basteln mit Heu

AUGUSTUS

Inhalt

Material und Werkzeug

Mit dem natürlichen Material Heu lassen sich viele lustige Figuren und Dekorationen basteln, die das ganze Jahr über Freude bereiten.

Heu und Stroh
benötigen Sie zum Binden oder Aufstreuen der Figuren.
Kurzes Heu erhalten Sie im Bastel- oder Zoofachgeschäft. Längeres Heu können Sie beim Bauern holen oder im eigenen Garten trocknen.

Holzwolle oder Zeitungspapier
wird zum plastischen Formen der Körper benötigt. Eingefärbte Holzwolle wird zum Binden verwendet und ist im Bastelgeschäft erhältlich.

Pauspapier
brauchen Sie für das Abpausen der Vorlagen vom Vorlagenbogen auf Pappe.

Wellkarton und Graupappe
Grober Wellkarton oder feste Pappe findet bei der Herstellung von Steckern Verwendung. Graupappe von 1 mm Stärke wird zum Bemalen der Kopfeinsätze benötigt.

Klebstoff
Bei den Figuren wurde überwiegend mit Klebepistole gearbeitet. Mithilfe von Steck- und Bindedraht lassen sich die Modelle aber auch ohne Klebstoff herstellen. Zum Fixieren einzelner Heu- und Dekoteile eignet sich auch Uhu Alleskleber, zum Aufstreuen Kaltleim.

Steckdraht
von 0,8 bis 1,2 mm Durchmesser wird zum Verbinden von Einzelteilen mit den Grundkörpern verwendet.

Bindedraht
in Messing, Kupfer, braun oder grün lackiert sowie Effektdraht in der Stärke 0,25 bis 0,5 mm Durchmesser finden überwiegend bei der Bindetechnik Verwendung. Je feiner die Drahtstärke, umso dezenter wirkt die Abbindung der Figuren.

Wickeldraht
blau geglüht im Durchmesser 0,5 mm wird für gröbere Arbeiten verwendet. Sämtliche Drähte sind in Bastel- oder Eisenwarengeschäften erhältlich.

Andere Materialien
wie Plattenmoos, Flowerhair oder Dekoteile finden Sie in Bastel- oder Gartenfachmärkten.

• Tipp •

Wenn Sie Heuallergiker sind, verwenden Sie anstatt Heu andere Materialien, wie z. B. Holzwolle, Kokosfaser, Baumwolle, Deko-Watte, Plattenmoos oder Flowerhair.

Das wird gebraucht

Heu oder Stroh
Holzwolle oder Zeitungspapier
Pauspapier
Wellkarton und Graupappe
Klebstoff
Steckdraht
Bindedraht
Wickeldraht
Dekomaterialien

Außerdem sollten Sie sich folgende Werkzeuge und Hilfsmittel zurechtlegen:
Schere
Zange
Papiermesser (Skalpell)
Bleistift
Nähnadel
Faden
Sprühfarben
Acrylfarben

Übertragen der Vorlagen

Es gibt zwei Möglichkeiten, die Modelle vom Vorlagenbogen auf Pappe zu übertragen:

1. Legen Sie das Blaupapier mit der dunklen Seite nach unten auf den Karton und darauf die Vorlage. Damit nichts verrutscht, fixieren Sie diese drei Lagen mit Tesafilm. Zeichnen Sie nun die Linien auf der Vorlage mit einem weichen, spitzen Bleistift nach.

2. Legen Sie Transparent- oder Pauspapier auf die Vorlage und fixieren Sie beides mit Tesafilm. Anschließend fahren Sie alle Linien mit Bleistift nach. Danach drehen Sie das Transparentpapier um, legen es auf den Karton und zeichnen die Konturen noch einmal nach.

Die Bleistiftspur drückt sich auf den Karton durch, das Motiv erscheint seitenverkehrt, was bei beidseitig verwendbarem Karton jedoch kein Problem ist.

Bindetechniken

Die verschiedenen Modelle in diesem Buch werden in unterschiedlichen Bindetechniken gefertigt. Jede der Techniken wird im Folgenden an einem Objekt illustriert. So können Sie die Motive leicht nachbasteln.

Schablonentechnik – Meister Lampe macht Pause

Vorlagenbogen Seite A

Das wird gebraucht

Heu
Pappe
Messingdraht, Ø 0,3 mm
Steckdraht, Ø 1,2 mm
2 Knöpfe, gelb, Ø 20 mm
2 Wackelaugen, Ø 16 x 12 mm
Nase, Ø 20 mm
Strickschlauch, rot, 15 x 12 cm
Rupfenband, gelb, 40 x 10 cm
Tulpenstrauß
Karotten
Baumwollpapier

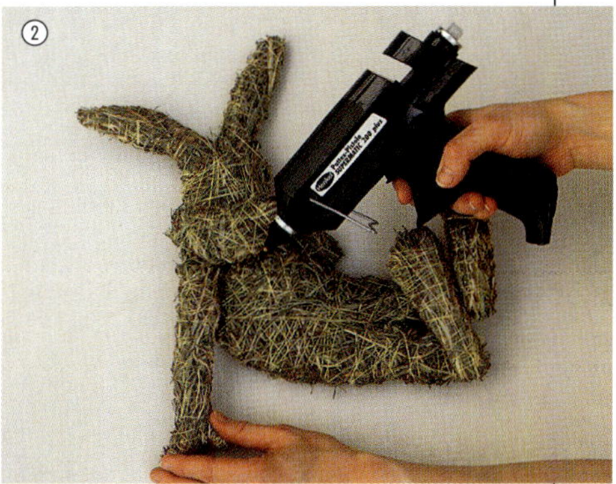

② Die fertig gebundenen Körperteile auf dem Grundkörper anordnen und mit der Klebepistole befestigen. Zum Schluss überstehendes Heu mit einer Schere entfernen.

So wird's gemacht

① Übertragen Sie die Schablonenteile vom Vorlagenbogen auf die Pappe und schneiden Sie sie aus. Beim Kopf beginnend das Heu gleichmäßig dick auf beiden Seiten des Kartons verteilen und mit Messingdraht umwickeln.

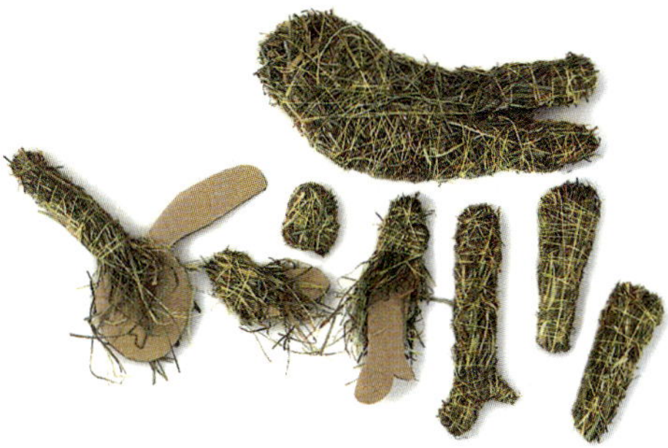

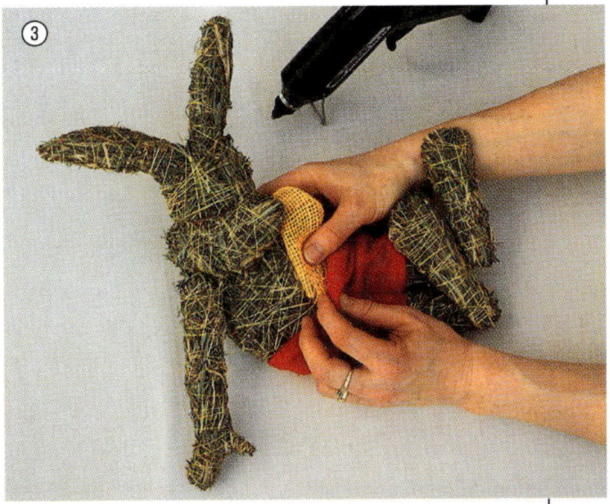

③ Für die Hose den roten Strickschlauch über die Beine streifen, den Rand nach innen stülpen und die Hosenbeine mit rotem Stickgarn abnähen. Danach das gelbe Rupfenband zu zwei gleich langen Hälften zuschneiden und am Hosenbund mit Klebstoff befestigen.

④ Die Ohrmuscheln und Fußsohlen aus Baumwollpapier ausschneiden. Danach Glasaugen, Nase und Baumwollteile mit Klebstoff aufkleben. Zuletzt die gelben Knöpfe festnähen.

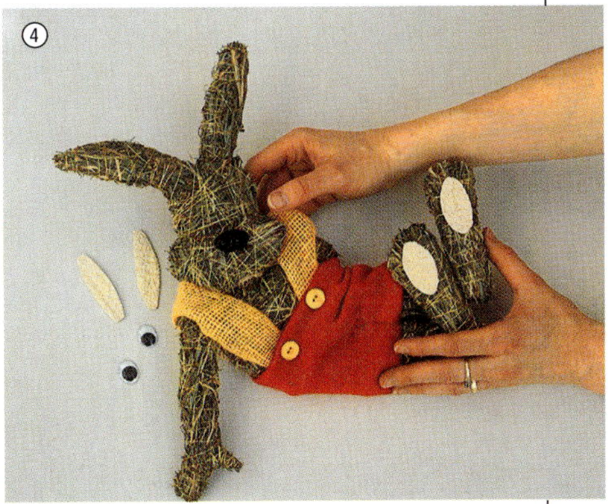

Schablonentechnik mit Acrylfarben – Lustiges Federvieh

Vorlagenbogen Seite A

Das wird gebraucht

Heu
Messingdraht, Ø 0,3 mm
Rundholzstab, Ø 10 mm
Graupappe, Ø 1 mm

Gockel
Acrylfarbe, weiß, schwarz, rehbraun, gelb, rot, orange, mittelgrün
Band, 35 cm lang

Ente
2 Goldschellen, Ø 11 mm
Nylonfaden
Wellkarton
Karoband, 50 cm lang

Küken
Kokosfaser, gelb

So wird's gemacht

① Die Gockel-Schablone auf Pappe übertragen und ausschneiden. Für den Körper etwas festeren Wellkarton, für die übrigen Teile Graupappe verwenden. Um eine bessere Stabilität der Figur zu erzielen, den Kopf des Gockels doppelt ausschneiden und zusammenkleben.

② Mit Acrylfarbe den Kopf, die Flügel und den Schwanz bemalen.

Für den Rumpf das Heu gleichmäßig dick auf beiden Seiten des Kartons verteilen und mit Messingdraht umwickeln. Abstehendes Heu mit einer Schere entfernen.

Am Halsansatz das aufgebundene Heu etwas zurückschieben. Nach dem Trocknen den bemalten Kopf zwischen die Pappe und das Heu kleben. Den Übergang zwischen Kopf und Rumpf kaschiert eine um den Hals gebundene Schleife. Zuletzt den Schwanz und die Flügel mit Klebstoff am Körper befestigen.

Auch für die Ente wird die Kopf-Schablone doppelt ausgeschnitten. Zwei Goldschellen, an einem Nylonfaden befestigt, werden mit dem Band um den Hals gebunden. Zuletzt die Füße ankleben.

Bei den Küken wird anstelle von Heu gelbe Kokosfaser verwendet. Für ihre kleinen Köpfe reicht es, die Pappschablone nur einmal auszuschneiden. Die Füße werden zwischen Kokosfaser und Pappe eingeklebt.

Zum Schluss werden bei allen Figuren passend bemalte Rundstäbe an der Rumpfunterseite befestigt.

Plastisches Binden – Hasenschaukel

Ohne Vorlagen

Das wird gebraucht

Heu
Holzwolle oder Zeitungspapier
Plattenmoos
Messingdraht, Ø 0,3 mm
Steckdraht, Ø 1 mm
2 Glasaugen, Ø 14 mm
Nase, Ø 20 mm
Holzbrett, Ø 2 cm, 20 x 6,5 cm
Karoband, 35 cm lang
Band, blau, 60 cm lang
2 Juteschnüre, je 150 cm lang
2 bunte Knöpfe
Karotten
Tulpen
Naturbast, gelb

Körpermaße
Kopf, Ø 9 cm
Ohren, Ø 2,5 cm, 9 cm lang
Rumpf, Ø 10 cm, 12 cm lang
Oberarme, Ø 2,5 cm, 4 cm lang
Unterarme, Ø 2 cm, 9 cm lang
Oberschenkel, Ø 6 cm, 10 cm lang
Unterschenkel, Ø 3,5 cm, 6 cm lang
Sohle, Ø 2,5 cm, 5 cm lang
Barthaare, 8 cm lang

So wird's gemacht

① Die Körperteile für alle Vollfiguren werden zunächst aus Holzwolle oder Zeitungspapier geformt. Für den Hasenkopf bilden Sie eine Kugel von ca. 9 cm Durchmesser. Damit eine längliche Gesichtsform entsteht, wird sie zu einer Breite von 7 cm flachgedrückt. Beim Abbinden ziehen Sie dabei den Messingdraht fester an.

Anschließend die Ohren und Gliedmaßen gleichmäßig mit losem Heu umwickeln. Abstehendes Heu mit einer Schere entfernen.

Nun auf den Innenseiten der einzelnen Gliedmaßen jeweils einen ca. 7 cm langen Streckdraht befestigen und verkleben. Nach dem Trocknen den Draht zur Körperseite hin rechtwinklig abbiegen.

② Den Rumpf nach und nach mit Plattenmoos bekleben. Zum besseren Halt mit einem feinen Bindedraht umwickeln.

In den Anschlussbereich zum Körper werden zwei ca. 8 cm lange Steckdrähte 4 cm tief in den Kopf gesteckt. Anschließend Kopf und Rumpf zusammenfügen.

③ Für den Hasenanzug wird noch ein schmaler Streifen mit Plattenmoos aufgeklebt. Danach die Drähte mit Klebstoff versehen und in den Rumpf einstecken. Ein schmales aufgeklebtes Band faßt die Ärmel und Hosenbeine ein.

Zuletzt erhält der Hase noch Augen und Nase. Einzelne gebündelte Heuhalme dienen als Schnurrbarthaare. Eine dekorative Schleife und bunte Holzknöpfe zieren ihn.

Für die Schnuraufhängung müssen Sie am Holzbrett zwei Bohrungen anbringen, die Kordel durchziehen und am oberen Ende verknoten. Zuletzt den Hasen am Brett mit Draht oder Klebepistole fixieren und einzelne Dekoteile an den Schnüren befestigen.

Büscheltechnik – Igel

Ohne Vorlagen

Das wird gebraucht

Heu
Holzwolle oder Zeitungspapier
Messingdraht, Ø 0,3 mm
Wickeldraht, Ø 0,5 mm
Steckdraht, Ø 0,8 mm
2 Glasaugen, Ø 12 mm
Acrylfarbe, schwarz
Terrakottateller, Ø 28 cm
Styrofoamsteckmasse
Plattenmoos
Rebenzweigchen
Sonnenblumen
Apfel
Beeren, grün
Blatt, gewachst
Packpapier

Körpermaße
Kopf, Ø 5 cm
Nase, Ø 3 cm
Körper, Ø 4 cm,
12 cm lang

So wird's gemacht

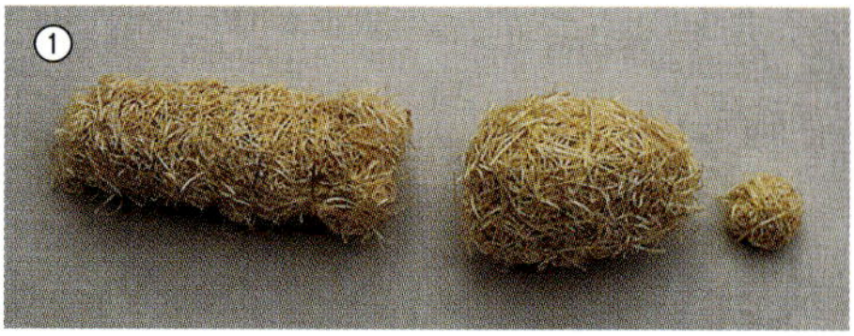

① Kopf, Nase und Rumpf des Igels aus Holzwolle oder Zeitungspapier formen und mit Messingdraht umwickeln.

Anschließend die Körperteile gleichmäßig mit einer dünnen Schicht Heu abbinden. Den Draht beim Wickeln fest anziehen. Zwischen Kopf und Rumpf zwei ca. 8 cm lange Steckdrähte einkleben.

② Ein 4 cm langes Drahtstück in die Unterseite der Nase einkleben. Die Nase schwarz bemalen. Kopf und Rumpf zusammenfügen und die Nase am Kopf einstecken.

③ Für die Igelstacheln wird etwas längeres Heu mit festerem Wickeldraht zu kleinen Büscheln gebunden und auf 4 cm gleichmäßig gekürzt.

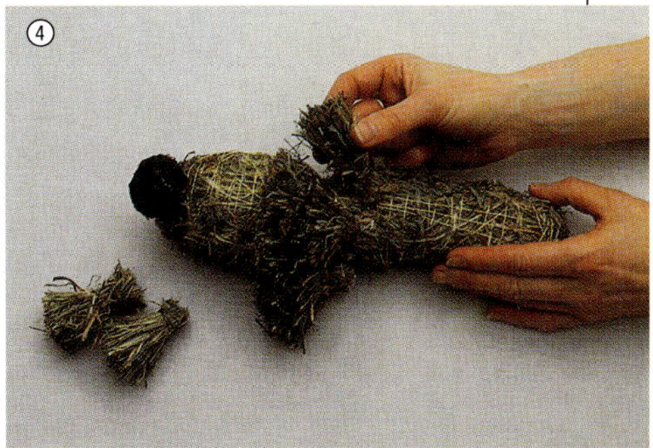

④ Die Büschel mit der Klebepistole dicht auf dem Rückenteil fixieren, bis ein gleichmäßiges Stachelkleid entsteht. Zum Schluss mit einer Schere zurechtstutzen. Die Glasaugen mit Klebstoff am Kopf befestigen.

Für das Tellergesteck ein flaches Stück vom Styrofoamziegel abschneiden und mit der Klebepistole in der Mitte des Tellers befestigen. Die Steckmasse mit Plattenmoos abdecken, den Igel darauf platzieren und mit der Klebepistole befestigen.

Ein großes Blatt und zerknülltes Packpapier um die Steckmasse anordnen und auf dem Teller festkleben. Die abgelängten Sonnenblumen und Beeren dekorativ verteilt in der Steckmasse befestigen. Zur Auflockerung ein kleines Rebenbüschel und einen Apfel miteinarbeiten.

Meister Lampe bei der Arbeit

Vorlagenbogen Seite B

Damit die Ostereier noch rechtzeitig fertig werden!

Das wird gebraucht

Heu
Pappe
Kupferdraht, Ø 0,25 mm
Messingdraht, Ø 0,3 mm
Steckdraht, Ø 1 mm
2 Wackelaugen, 16 x 12 mm
Nase, Ø 12 mm
1 Rundholzstab, 15 cm lang, Ø 6 mm
2 Knöpfe, orange, Ø 20 mm
Strickschlauch, geringelt, 30 x 8 cm
Strickschlauch, gelb, 40 x 1,5 cm
1 Blechtrog, 35 cm lang
1 Styroporei, Ø 11 cm
Granitfarbe, grün
1 Blecheimer, 6 cm hoch
Acrylfarbe, blau, rot, schwarz
2 Löwenzahn
1 Stengel Seidenglixia, weiß
Styrofoamsteckmasse
Plattenmoos
Rebenzweigchen

So wird's gemacht

Zunächst werden alle ausgeschnittenen Teile mit Heu umwickelt und mittels Kupferdraht zusammengebunden (siehe Schablonentechnik). Die fertigen Teile daraufhin mit der Klebepistole fixieren und überstehendes Heu mit einer Schere entfernen.

Die Arme lassen sich einfacher am Körper anbringen, wenn man in jede Armhälfte ein kurzes Stück Steckdraht einklebt. Die Pfote des rechten Armes leicht gekrümmt an die Anschlussstelle des Oberarmes kleben.

Den geringelten Strickschlauch zu zwei gleich langen Stücken halbieren und auf einer Seite ca. 3 cm tief aufschneiden. So über die Beine ziehen, dass die eingeschnittenen Seiten zur Beininnenseite zeigen. Die Hosenbeine mit Stecknadeln zusammenstecken und vernähen. Dann die beiden Hosenbeine nach oben krempeln.

Den gelben Strickschlauch halbieren, die Enden nach innen umschlagen und mit Klebstoff fixieren. Je einen Schlauch links und rechts am Körper als Hosenträger anordnen und am Hosenbund annähen. Als Abschluss dienen vorne zwei orange Knöpfe. Dann die Wackelaugen und die Nase mit Klebstoff befestigen.

Für den Pinsel wird Heu zu einem Büschel von 8 cm Länge gebündelt. Vor dem Zusammenbinden den Rundholzstab mittig ca. 3 cm tief in eine Seite des Büschels schieben. Mit Messingdraht Heu und Holzstab fest umwickeln. Die andere Seite in Kaltleim tauchen und eine schöne Pinselspitze formen. Nach dem Trocknen Pinsel und Stiel mit Acrylfarbe bemalen.

Das Styroporei mit grüner Granitfarbe grundieren. Den Blecheimer mit zusammengeknülltem Papier füllen und die obere Papierschicht rot bemalen.

Den Blechtrog mit der zurechtgeschnittenen Styrofoammasse füllen und darauf das Plattemoos als Abdeckung befestigen.

Nun noch zwei dicke Steckdrähte in die Fußsohlen von Meister Lampe einkleben. Den Hasen, das Ei und den Farbkübel im Trog platzieren und mit Klebstoff befestigen. Den Pinsel zwischen Eimer und Pfote kleben.

Gelbleuchtender Löwenzahn, weiße Glixiablüten und einzelne Rebenzweigchen schmücken das Gesteck.

Frühlingsspirale

Vorlagenbogen Seite A

Mit diesem fröhlichen Gehänge zaubern Sie Frühlingsgefühle in Ihre vier Wände.

Das wird gebraucht

Heu
Holzwolle oder Zeitungspapier
dünne Rebenspirale, ca. 1,5 m lang
Messingdraht, Ø 0,25 mm + 0,3 mm
Holzwolle, gelb
Federn, weiß
2 Efeuranken
Eierschalen
schmales Band, blau, grün, gelb, je 1 m lang
10 Stecknadeln, mit schwarzem Kopf
2 Glasaugen, schwarz, Ø 8 mm
Fotokarton, orange
Filzreste, rot

Körpermaße
Henne
Kopf, Ø 3 cm
Rumpf, Ø 8 cm
Schwanz, Ø 1 cm, 2 cm lang
Küken
Kopf, Ø 2,5 cm + 3,5 cm
Rumpf, Ø 3,5 cm + 4,5 cm

So wird's gemacht

Besorgen Sie sich im Bastelgeschäft eine Rebenspirale mit Drahteinlage und ziehen Sie sie zu Hause gleichmäßig auf. Umwickeln Sie dann das Gerüst mit Heu.

Für die Henne formen Sie eine Kugel aus Holzwolle und umwickeln sie mit Messingdraht (siehe Plastisches Binden). Eine kleinere Kugel für den Kopf kleben Sie auf den Rumpf. Dann Kopf und Rumpf mit Heu umwickeln, wobei der Rücken durch festeres Abbinden flacher geformt wird.

Für den Schwanz ein Heubüschel formen und einarbeiten. Aus dicken Filzresten den Kamm und die Lappen, aus Fotokarton den Schnabel ausschneiden und mit den Glasaugen aufkleben.

Die fünf Küken werden anstatt mit Heu aus gelber Holzwolle geformt. Dazu zwei unterschiedlich große Kugeln formen und zusammenkleben. Schwarze Stecknadelköpfe dienen als Augen und gelbe geknickte Dreiecke aus Fotokarton als Schnabel.

Für die Dekoration zunächst die Efeuranken um die Spirale winden. Aus Heu ein Nest für die Henne formen und zusammen mit den Küken auf die Spirale kleben.

Kleine Blütensträußchen, Federn und zerbrochene Eierschalen schmücken die Spirale. Zuletzt bunte Bänder zu einer großen Schleife legen und an der Spitze der Spirale mit Draht befestigen.

Bunte Hasenstecker

Vorlagenbogen Seite A

Meister Lampes freche Gesellen lassen sich überall aufstecken – am Balkon, im Garten oder in der Wohnung.

Das wird gebraucht

Pappe
getrocknete Blüten oder Tee
Messingdraht, Ø 0,25 mm
Effektdraht, Ø 0,25 mm
Rundholzstäbe, Ø 6 mm
2 Glasaugen, Ø 8 mm
Nase, Ø 1,5 cm
1 Styroporei, Ø 8 cm
Seegrashalme oder langes Heu
Naturbast, gelb
Acrylfarbe
Band, blau, 50 cm lang

So wird's gemacht

Die Hasenköpfe auf Pappe übertragen und ausschneiden (siehe Schablonentechnik). Zur plastischeren Wirkung wird ein Styroporei halbiert und auf die Pappschablonen geklebt. Am Halsansatz ein kleines Loch in das Ei bohren und einen Rundholzstab einkleben und bunt bemalen.

Die Pappschablone und das Styroporei dick mit Kaltleim bestreichen und die getrockneten Blüten satt aufstreuen.

Für einen besseren Halt verwenden Sie zusätzlich Effektdraht. Nach dem Trocknen mit einer Schere überstehende Blüten entfernen.

Für die Ohren kleine Büschel aus Seegrashalmen binden. Danach noch Augen und Nase sowie die kleinen Heubüschel für Ohren und Barthaare mit der Klebepistole auf dem Kopf befestigen.

Je nach Graslänge kleine oder größere Schleifen mit Messingdraht umwickeln und zusammen mit einer Bast- bzw. Stoffschleife am Holzstab festbinden.

Henne im Nest

Vorlagenbogen Seite A

Eine bezaubernde Idee für Ihren festlichen Osterschmuck.

Das wird gebraucht

Heu
Pappe
Messingdraht, Ø 0,3 mm
Steckdraht, Ø 1 mm
2 Glasaugen, schwarz, Ø 12 mm
Filzreste, rot, gelb
Rebenkorb, Ø 40 cm
Styrofoamsteckmasse
2 Bund Primeln
Hühnereier
Schaumblüten, gelb
Palmkätzchenzweige
Birkenlaubranke

Körpermaße
Kopf, Ø 6 cm
Hals, Ø 5 cm, 3 cm lang
Rumpf, Ø 14 cm, 21 cm lang
Schwanz, Ø 5 cm, 7 cm lang

So wird's gemacht

Aus Holzwolle oder Zeitungspapier Kugeln für Kopf und Rumpf der Henne fertigen und mit Draht abbinden (siehe Plastisches Binden). Rumpfunterseite und Rücken etwas flacher formen. Das Halsstück so herausarbeiten, dass es zum Körper hin etwas dicker wird. Kopf und Hals mit zwei ca. 5 cm langen Steckdrähten versehen und mit Klebstoff zusammenfügen.

Büschelweise loses Heu um die Grundform binden. Beim Umwickeln des Rumpfes ein zuvor gebündeltes Büschel Heu als Schwanz miteinbinden.

Kamm und Lappen nach Vorlage aus roten Filzresten ausschneiden und aufkleben. Den Schnabel aus Pappe zuschneiden und mit gelbem Filz bekleben. Zuletzt noch die Augen anbringen.

In der Mitte des Korbes ein größeres Stück Styrofoammasse einkleben, mit Heu abdecken und die Henne darauf platzieren.

Die Blätterranke und die Palmzweige um den Korbrand schlingen und mit Draht befestigen. Die Primeln und gelben Schaumblüten dekorativ im Korb verteilen und mit Klebstoff in der Steckmasse befestigen. Für die Osterdekoration noch ausgeblasene Hühnereier zwischen den Blüten arrangieren.

Fensterbaum mit Gänsen

Vorlagenbogen Seite B

Wenn Sie ausgefallene Schmuckelemente lieben, ist dieser Gänsebaum genau das Richtige für Sie.

Das wird gebraucht

Heu
Pappe
Messingdraht, Ø 0,3 mm
Rundholzstab, Ø 14 mm, 1 m lang
Rundholzstab, Ø 8 mm, 45 cm lang
2 Kugeln, Ø 25 mm
1 Kugel, Ø 35 mm
Acrylfarbe, weiß, grün
schmales Karoband, blau, 1 m lang
breites Karoband, blau, 1,3 m lang
breites Karoband, grün, 30 cm lang
Tulpenstrauß, blau-weiß
Efeuranken
Holzwolle, orange
4 Glasaugen, schwarz, Ø 8 mm
Naturbast, orange
Perlonfaden

So wird's gemacht

Beim Ausschneiden der Gänse eine freibleibende Fläche für den Schnabel mit Filzstift auf der Pappe markieren. Dann die Teile mit Heu abbinden (siehe Schablonentechnik), wobei der Schnabel und die Füße mit orangefarbener Holzwolle umwickelt werden. Mit der Schere je ein Loch am Bauch und an den Füßen durch die Pappe stechen.

Für jede Gans eine ca. 20 cm lange Kordel aus orangefarbenem Naturbast flechten und durch die angebrachte

Öffnung im Körper fädeln. Die Enden der Schnüre in die Öffnungen der Füße einkleben.

Die Glasaugen und fertig gebundenen Flügel mit der Klebepistole am Körper befestigen. Buntkarierte Schleifen zieren die Gänse.

Für das Holzkreuz die abgelängten Rundholzstäbe und Holzkugeln mit weißer Acrylfarbe grundieren. In den langen Rundstab ein Loch für den Querstab bohren. Eine zweite kleinere Bohrung unter der großen Holzkugel als Aufhängung anbringen. Den dünneren Rundstab mittig durch die größere Öffnung schieben und mit Klebstoff fixieren. Passende Holzkugeln zieren die Stabenden.

Zwei lange Efeuranken um den Stab winden und mit Draht befestigen. Aus Heu kleine Büschel binden und mit den Tulpen zwischen das Efeu verteilen. Nun den Tulpenstrauß am unteren Ende des Stabes befestigen.

Zuletzt den Querstab mit einem schmalen Karoband umwickeln und die Gänse mit einem feinen Perlonfaden am Holzstab aufhängen.

Sommerliches Wespennest

Vorlagenbogen Seite A

Summende Wespen, die sich auf den duftenden Primeln niedergelassen haben, kündigen den Sommer an.

Das wird gebraucht

Heu
Pappe
Messingdraht, Ø 0,3 mm
Steckdraht, Ø 1,2 mm
dünne Rebenspirale, ca. 1,5 m lang
2 Halbperlen, schwarz, Ø 4 mm
Acrylfarbe, schwarz, gelb
Band, gelb, 80 cm lang
Efeuzweig
Primeln
2 Bd. Beeren, blau
Rebenzweigchen

Körpermaße
Kopf, Ø 3,5 cm
Körper, Ø 4 cm, 11 cm lang

So wird's gemacht

Für die Wespen zunächst den Grundkörper aus Holzwolle formen und mit Bindedraht umwickeln (siehe Plastisches Binden). Anschließend Kopf und Rumpf mit einem eingeklebten Steckdraht zusammenfügen. Den Wespenkörper dünn mit Heu umwickeln.

Mit Acrylfarbe den Wespenkörper sowie die zwei Drahtstückchen für die Fühler bemalen. Dann die Flügel auf Pappe übertragen, ausschneiden und dünn mit Heu umwickeln. Nach dem Trocknen Flügel und Fühler mit der Klebepistole am Körper fixieren. Schwarze Halbperlen dienen als Augen.

Die Rebenspirale zu einem geraden Strang aufbiegen, eine Schleife formen und mit einem festen Stück Draht zusammenbinden. Von einer Seite beginnend loses, längeres Heu um die Grundform legen und mit Bindedraht umwickeln.
Für die Dekoration zuerst die lange Efeuranke um die Schleife winden, dann die Wespen auf der Schleife anordnen und mit Klebstoff oder Draht fixieren. Zum Schluss die Primeln und blauen Beerenzweige dekorativ verteilt in die Schleife einstecken. Ein gelbes Satinband um die Schleife legen und die beiden Enden verknoten.

• Tipp •

Mit der entsprechenden Dekoration aus Zapfen, Nüssen und Efeu wird aus dem Sommergebinde ein hübscher Herbstkranz. Statt der Wespen setzen Sie Mäuse auf.

Weihnachtlicher Sternenkranz

Vorlagenbogen Seite A

Läuten Sie die festliche Weihnachtszeit mit einem fantasievollen Sternengebinde ein. Das Schaukelpferdchen können Sie auch einzeln aufstellen.

Das wird gebraucht

Heu
Pappe
Stroh oder Naturbast
Holzwolle oder Zeitungspapier
Messingdraht, Ø 0,3 mm
Steckdraht, Ø 1 mm
Goldspray
2 Glasaugen, Ø 8 mm
Rundholzstab, Ø 8 mm, 7 cm lang
Goldkordel, 1 m lang
Band, blau, 2 m lang
schmales Band, blau, 0,5 m lang
Deko-Zimtsterne
2 Äpfel
3 kleine Christrosen
Tannenzweigchen
Watte
Zimtstangen

Körpermaße
Kopf, Ø 4 cm, 8 cm lang
Ohren, Ø 2 cm, 2,5 cm lang
Rumpf, Ø 7 cm, 10 cm lang
Beine, Ø 3,5 cm, 7 cm lang
Kufen, Ø 3 cm, 20 cm lang
Schwanz, Ø 1,5 cm, 7 cm lang

So wird's gemacht

Zunächst übertragen Sie die Grundform des Sterns auf feste Pappe, schneiden ihn aus und umwickeln ihn gleichmäßig mit Heu (siehe Schablonentechnik). Dann mit Goldspray besprühen.

Für das Schaukelpferdchen Rumpf und Gliedmaßen aus Holzwolle oder Zeitungspapier formen (siehe Plastisches Binden). In die Gliedmaßen ca. 5 cm lange Steckdrähte einstecken und verkleben. Zwei 20 cm lange, leicht gebogene Steckdrähte, die gleichmäßig dünn mit Holzwolle umwickelt werden, dienen als Kufen. Nun das Grundgestell mit der Klebepistole fixieren. Die Kufen erst zum Schluss befestigen.

Jetzt vom Kopf abwärts das Grundgestell gleichmäßig dünn mit Heu umwickeln. Am Halsansatz ein kurzes, braun lackiertes Rundholzstäbchen durch den Rumpf stecken und verkleben.

Anschließend die geformten Kufen mit Heu einbinden und an den Beinen ankleben. Aus Stroh kleine Büschel für die Mähne fertigen und am Kopf des Pferdes befestigen. Daraufhin ein kleines gewickeltes Heubüschel als Schwanz, ein schmales Band als Halfter und die Glasaugen am Pferdekörper ankleben. Nun wird das Schaukelpferd mit Klebstoff im Stern befestigt.

Für die Dekoration Band und Goldkordel locker um den Stern schlingen. Zimtsterne, Äpfel, Christrosen, Watte, Zimtstangen und Tannenzweige am unteren Rand schön anordnen und festkleben.

Mondgehänge

Vorlagenbogen Seite B

Wer baumelt denn da so fröhlich von der Decke und erfreut uns nicht nur nachts?

Das wird gebraucht

Heu
Pappe
Messingdraht, Ø 0,3 mm
Perlonfaden
Deko-Watte
Acrylfarbe, rot
Jutekordel, rot, 1,2 m lang
Wackelauge, Ø 2 cm
3 Holzsternchen, rot

So wird's gemacht

Die Schablone für den Mond auf Pappe übertragen und ausschneiden. Die freibleibenden Stellen mit Filzstift markieren. Dann den Mond mit Heu und die ausgesparten Stellen mit Watte umwickeln und festbinden.

Mit roter Acrylfarbe die Heumütze bemalen. Nach dem Trocknen den Mond, wie auf dem Foto zu sehen, teilweise mit einer roten Kordel einfassen.

Nun die Augenbraue und den Bart ausschneiden und Watte aufbinden. Zusammen mit dem Wackelauge am Mond ankleben. Zum Schluss werden kleine rote Holzsternchen auf einen Perlonfaden aufgezogen und an der Mützenspitze befestigt.

Tischgesteck mit Kerze

Vorlagenbogen Seite B

Ein herrlich duftendes Gesteck für die Advents- und Weihnachtszeit, das obendrein einfach zu basteln ist.

So wird's gemacht

Zunächst den Heustern auf Pappe übertragen, ausschneiden und gemäß Schablonentechnik ausarbeiten. Dann auf der Unterseite des Sterns beginnend das Heu flach und gleichmäßig verteilen und mit Draht einbinden.

Den fertigen Stern mit Goldspray besprühen. In der Kerzenunterseite kurze Steckdrahtstücke fixieren und mittig auf dem Stern platzieren.

Das wird gebraucht

Heu
Pappe
Messingdraht, Ø 0,4 mm
Bindedraht, rot, Ø 0,8 mm
Kerze, weiß, Ø 7 cm
Goldpuder
7 Holzsterne, rot
Zitrusscheiben, Bucheggern
verschied. Exotenfrüchte
Wacholderzweige
Naturbast
1 Btl. Flowerhair, gold

Je nach Geschmack kann das Gesteck in kräftigen Farben oder in Naturtönen gehalten werden. Aufgeklebte Zitrusscheiben, Exotenfrüchte, Holzsternchen, Wacholderzweige, Zapfen und Bastschleifen zieren den Stern. Aufgeriebener Goldstaub veredelt die schlichte Kerze.

• Tipp •

Mehrere kleine Sterne, die Sie übereinander an Binsenstäben befestigen, ergeben ein schönes Sternenarrangement. Als Basis dient eine Vase oder ein Blumentopf.

Freche Stecker für Blumenkübel

Ohne Vorlagen

Diese lustigen Gesellen vertreiben Kummer und Sorgen.

Das wird gebraucht

Heu
Holzwolle oder Zeitungspapier
Messingdraht, Ø 0,3 mm
Rundholzstab, Ø 10 mm, je 1 m lang

Schneemann
2 Glasaugen, Ø 1,5 cm
Karotte, 6 cm lang
Strickschlauch, rot, 50 x 4 cm
Deko-Watte
Deko-Rabe
Körpermaße
Kopf, Ø 12 cm
Hutscheibe, Ø 14 cm
oberes Hutteil, Ø 10 cm, 9 cm lang

So wird's gemacht

Schneemann
Für den Kopf aus Holzwolle eine Kugel formen und mit Heu umwickeln (siehe Plastisches Binden). Eine Hutscheibe nach Maß aus Pappe ausschneiden und mit Heu einbinden. Für das Hutoberteil aus Holzwolle einen Zylinder formen, der sich nach unten hin etwas verjüngt. Dann mit Heu umwickeln. Die fertigen Teile zusammenkleben.

In die Kopfunterseite einen Rundholzstab stecken. Den Hals mit Heu umwickeln und mittig auf den Holzstab schieben. Anschließend Kopf und Halsansatz miteinander verkleben.

Watte, Augen und eine Karotte als Nase aufkleben. Zuletzt aus Strickschlauch einen Schal um den Hals binden.
Ein frecher Rabe hat sich auf den Hutrand gesetzt.

Hund
Karoband, 1 m lang
Kordel, grün, 1 m lang
2 Holzsterne, gold
2 Glasaugen, Ø 2 cm
Schnauze, Ø 3 cm
Körpermaße
Kopf, Ø 9 cm
Schnauzenteil, Ø 8 cm, 4 cm lang
Halsansatz, Ø 7 cm, 8 cm lang
Ohren, 6 x 11 cm

Hund

Beim Hund gehen Sie genauso vor wie beim Schneemann. Formen Sie die einzelnen Teile nach Maß zuerst aus Holzwolle und umwickeln Sie sie dann mit Heu. Mit Draht und Klebepistole fixieren Sie die Körperteile. Durch festeres Anziehen kann die Kopfform noch besser modelliert werden.

Zuletzt Augen und Schnauze anbringen. Eine grüne Kordel mit aufgeklebten Holzsternen zusammen mit einer karierten Schleife um den Hundehals legen und zu einer großen Schleife binden.

Pferd
Kordel, blau, 40 cm lang
Lederriemen, rot, 60 x 1,5 cm
2 Glasaugen, Ø 2 cm
Bindedraht, braun
Naturbast
Körpermaße
Kopf, Ø 10 cm
Schnauzenteil, Ø 6 cm, 5 cm lang
Halsansatz, Ø 8 cm, 7 cm lang
Mähne, Ø 12 cm

Pferd

Gehen Sie beim Pferd wie bei den anderen beiden Figuren vor. Achten Sie besonders darauf, dass sich der Kopf zu den Nüstern hin verjüngt. Die einzelnen Übergänge lassen sich durch lose aufgelegtes Heu gut kaschieren.

Die Pferdemähne wird aus Naturbast hergestellt. Dazu mit einer Schere die

Bastschnüre zuschneiden und mit Bindedraht kleine Büschel formen (siehe Büscheltechnik).

Von der Stirnseite beginnend die Büschel dicht aneinander gesetzt in den Kopf einstecken und mit Klebstoff fixieren.

Ein breiter Lederriemen, verziert mit einer aufgeklebten Kordel, dient als Halfter. Zum Schluss werden die Glasaugen mit Klebstoff angebracht.

Die Deutsche Bibliothek – CIP-Einheitsaufnahme

Dekoratives Basteln mit Heu : schöne Motive mit stimmungsvollen Accessoires / Sigrid Heinzmann. – Augsburg : Augustus-Verl., 1999
(Ideenkiste)
ISBN 3-8043-0678-0

Fotografie: Klaus Lipa, Augsburg
Arbeitsfotos: Sigrid Heinzmann
Lektorat: Eva Dorrmann, München
Umschlagkonzeption:
Kontrapunkt, Kopenhagen
Umschlaglayout: Andreas Bernhard
Reihenkonzeption:
Kontrapunkt, Kopenhagen
Layout: Anton Walter, Gundelfingen

Satz:
Gesetzt aus 9,5 Punkt The Sans
von DTP-Design Walter, Gundelfingen
Reproduktion:
GAV Prepress, Gerstetten
Druck und Bindung:
Offizin Andersen Nexö, Leipzig

Gedruckt auf 135 g umweltfreundlich chlorfrei gebleichtes Papier.

ISBN 3-8043-0678-0

Printed in Germany